AF130173

Inhalt

**Branchenreport CHEMIE & KUNSTSTOFFE
Ausgabe 2/2011**

Branchenreport CHEMIE & KUNSTSTOFFE Ausgabe 2/2011

Anja Schneider

Kernthesen

- Die Chemiebranche in Deutschland wächst, rechnet angesichts sich abkühlender Weltkonjunktur aber mit geringeren Wachstumsraten.
- Für das Gesamtjahr 2011 stellt der Branchenverband eine Steigerung der Produktion um fünf Prozent und des Umsatzes um zehn Prozent in Aussicht.
- Deutschland ist nach wie vor Exportweltmeister von Chemieprodukten.
- Das Wachstum im globalen

Chemiegeschäft verschiebt sich immer stärker nach Asien.

- Mit BASF als Weltmarktführer und Bayer sind deutsche Konzerne im globalen Chemiegeschäft sehr gut vertreten.

Beitrag

Die Branche im Überblick - Chemiekonjunktur läuft weiter auf Hochtouren

Die Chemieindustrie wird in diesem Jahr voraussichtlich erstmals über 180 Milliarden Euro Umsatz erwirtschaften. Sie ist damit die drittgrößte Industriebranche in Deutschland (hinter Kraftfahrzeugbau und Maschinenbau), mit rund 415 000 Beschäftigten der sechstgrößter Arbeitgeber (nach Maschinenbau, Bau, Automobil, Elektro- und Ernährungsindustrie) und der zweitgrößte FuE-Investor (nach der Autoindustrie).

Fünfzig Prozent der Produkte liefert die chemische Industrie an Kunden innerhalb der Branche, 30 Prozent verarbeiten andere Industriezweige, 15 Prozent werden direkt vom Verbraucher gekauft und fünf Prozent nimmt der Dienstleistungssektor ab. Größter Kunde der chemischen Industrie sind die Kunststoffverarbeiter vor der Auto-, Verpackungs- und Bauindustrie.

Das geografische Zentrum der deutschen Chemieindustrie liegt am Rhein: In Nordrhein-Westfalen entsteht ein knappes Drittel des Chemieumsatzes. Es folgen Rheinland-Pfalz, Hessen und Baden-Württemberg. Sachsen-Anhalt ist der wichtigste Standort in den neuen Bundesländern. Die chemische Industrie in Ostdeutschland hat sich hinter der Metallindustrie und der Elektrotechnik zum drittgrößten Industriezweig in den neuen Ländern entwickelt. Ihr Anteil an der gesamtdeutschen Wertschöpfung der Branche beträgt heute etwa elf Prozent. [Abb. 1]

Das Geschäft mit Chemie und Kunststoffen setzt seinen Wachstumskurs trotz sich abkühlender Weltkonjunktur fort. Der Branchenverband VCI beobachtete zwar im zweiten Quartal 2011 einen leichten Rückgang bei Produktion und Umsatz gegenüber den ersten drei Monaten und erwartet, dass die Wachstumsraten im zweiten Halbjahr geringer ausfallen werden. Für das Gesamtjahr 2011 rechnet er mit einer Steigerung der Produktion um rund fünf Prozent. Der Umsatz der Branche dürfte um zehn Prozent zulegen.

Im ersten Halbjahr 2011 stieg der Umsatz der

deutschen Chemieunternehmen gegenüber dem Vorjahr um zwölf Prozent auf 90,5 Milliarden Euro. Das Geschäft mit Kunden im Ausland verbesserte sich um 13 Prozent auf 54,6 Milliarden Euro. Der Inlandsumsatz legte um 10,5 Prozent auf 35,9 Milliarden Euro zu. Die Erzeugerpreise zogen aufgrund steigender Rohstoffkosten im ersten Halbjahr 2011 um 5,5 Prozent an. Die Produktion konnte um 6,5 Prozent im Vergleich zum Vorjahreshalbjahr ausgedehnt werden. Die Beschäftigung der Chemiebranche lag von Januar bis Juni 2011 bei durchschnittlich 423 000 Mitarbeitern. Das waren zwei Prozent mehr als im Jahr zuvor.

Die deutsche Chemiebranche ist der größte Chemieexporteur der Welt. Die Chemieexporte - dazu gehören neben den Auslandsumsätzen der Chemieunternehmen auch der Verkauf von chemischen Produkten durch andere Branchen sowie Re-Exporte - stiegen im ersten Halbjahr 2011 um 10,5 Prozent auf 77 Milliarden Euro. Die größten Zuwächse entfielen dabei auf Asien und Südamerika. Aber auch die europäischen Nachbarländer orderten verstärkt bei den deutschen Chemieproduzenten. Belgien, die Niederlande und Frankreich zählen traditionell zu den größten Abnehmern der Produkte auf dem Kontinent.

Die Importe konnten ebenfalls zulegen. Mit einem

Wert von 51,2 Milliarden Euro lagen sie zur Jahresmitte um rund vier Prozent über dem Vorjahresniveau.

Der Chemieverband geht davon aus, dass die Investitionen der Branche mit rund sieben Milliarden Euro zehn Prozent höher liegen als im Vorjahr. Die chemische Industrie gibt jährlich rund acht Milliarden Euro für Forschung und Entwicklung aus. (1), (2)

Ausgewählte Sparten der Chemieindustrie im Einzelnen

Die einzelnen Sparten entwickelten sich im ersten Halbjahr 2010 durchwegs positiv: Die chemischen Grundstoffe konnten am meisten von der Konjunkturerholung profitieren. Die Produktion von anorganischen Grundstoffen und von Petrochemikalien stieg im ersten Halbjahr um sieben beziehungsweise um 6,5 Prozent. Auch die Hersteller von Fein- und Spezialchemikalien profitierten von einer gestiegenen Nachfrage seitens der industriellen Kunden. Sie dehnten ihre Produktion in der ersten Jahreshälfte um acht Prozent aus. Die Produktion von Wasch- und Körperpflegemitteln stieg um 4,5 Prozent. Im Pharmageschäft lief es wieder besser. Die Produktion dieser Chemiesparte erzielte im ersten

Halbjahr ein Plus von vier Prozent. (2)

Kunststoffverarbeitende Industrie: Gute Auslastung trotz volatiler Rohstoffpreise

Der Gesamtverband Kunststoffverarbeitende Industrie e. V. (GKV) geht von einer sehr dynamischen Branchenentwicklung und zweistelligen Wachstumszahlen für 2011 aus. Die Auslastung der Betriebe bleibt sehr gut, auch wenn die volatilen Rohstoffpreise der Branche Sorge bereiten, weil eine zeitnah Weitergabe an die Kunden häufig nicht möglich ist. Die Kunststoffverarbeitende Industrie erwirtschaftete 2010 einen Jahresumsatz von etwa 51 Milliarden Euro und ist mit 274 000 Beschäftigten in 2 650 Betrieben einer der bedeutendsten Wirtschaftszweige in Deutschland. Die Kunststoffverarbeitende Industrie ist vorwiegend mittelständisch geprägt und zeichnet sich durch hohe Innovationskraft aus. Die Produktpallette reicht von Verpackungen, Baubedarfsartikeln, technischen Teilen, Konsumwaren und vielfältigen andere Produkten hin zu innovativen Kunststoffen für zukunftsorientierte Energie- und Versorgungskonzepte. (23)

Industriegase: Schwellenländer, Energie und Gesundheit als Wachstumstreiber

Der Markt für Industriegase ist vielfältig. Dadurch erweist er sich als recht konjunkturrobust.

Industriegase wie Sauerstoff, Helium, Wasserstoff, Stickstoff oder Kohlendioxid werden in sehr vielen Branchen benötigt. Sie werden unter anderem in der industriellen Produktion, in der Stahlproduktion, in der Chemie und Petrochemie, der Papierindustrie, im Umweltschutz (Abwasseraufbereitung!) und in der Lebensmittelbranche eingesetzt. Als Wachstumsmärkte gelten der Gesundheitsmarkt, die Elektronik, die Wasserstofftechnologie, der Energiemarkt (Fotovoltaik!) und der Umweltschutz (Abwasseraufbereitung!). Der Branchenumsatz liegt bei rund 65 Milliarden Euro. In den Jahren vor der Wirtschaftskrise wuchs die Branche stetig mit einer stabilen Wachstumsrate von durchschnittlich sieben Prozent pro Jahr. Die Krise wurde schnell überwunden. Jetzt rechnet die Branche wieder mit einem mittelfristigen Marktwachstum von sieben bis acht Prozent. Regionale Wachstumstreiber sind die Schwellenländer, insbesondere in Asien.

Der Markt für Industriegase ist weitgehend konsolidiert; ein Oligopol aus fünf großen Unternehmen kontrolliert über drei Viertel des Weltmarkts. Weltmarktführer ist die französische Air-Liquide mit 24 Prozent Marktanteil bei einem Umsatzvolumen von rund 13,49 Milliarden Euro. Mit Messer Griesheim und Lurgi haben die Franzosen in den vergangenen Jahren zwei deutsche Traditionsunternehmen geschluckt. Air Liquide liefert sich seit langem ein Kopf-an-Kopf-Rennen mit der deutschen Linde, die rund 22 Prozent auf sich verbucht. Der Münchener Medizin- und Industriegasespezialist erwirtschaftet 73 Prozent seines Gesamtumsatzes von 12,87 Milliarden Euro mit Industriegasen und 23 Prozent mit Anlagenbau. Es folgt der amerikanische Wettbewerber Praxair mit einem Umsatz von 11,01 Milliarden US-Dollar. Die US-Anbieter Air Products und Airgas machten in den vergangenen Monaten durch eine gescheiterte feindliche Übernahmeschlacht Schlagzeilen. Ansonsten gibt es noch kleinere Hersteller, die sich Nischen ausgesucht haben oder nur regional aufgestellt sind. Beispiel für Deutschland: Messer Group GmbH, Sulzbach. (3), (4)

Agrarchemie: Pflanzenschutz stabil, Düngemittelnachfrage zieht an, Renditen schrumpfen

Die Agrarchemiehersteller profitieren von der weltweit hohen Nachfrage (Asien!) nach landwirtschaftlichen Produkten. Entsprechend stark entwickelte sich in den vergangenen Jahren das Geschäft der Anbieter von Pflanzenschutzmitteln, Mineraldüngern und Schädlingsbekämpfern.

Pflanzenschutz: Die deutsche Pflanzenschutz-Industrie verzeichnete 2010 einen nahezu stabilen Umsatz. Nach Angaben des Industrieverbands Agrar e.V. (IVA) erzielten die 40 zu diesem Verband gehörenden Pflanzenschutz- und Schädlingsbekämpfungsmittelanbieter 2010 einen Nettoinlandsumsatz von 1,25 Milliarden Euro. Die Exporterlöse der Pflanzenschutzproduzenten fielen im Jahr 2010 um 4,7 Prozent auf rund 2,8 Milliarden Euro. Der Gesamtumsatz fiel um 3,5 Prozent auf vier Milliarden Euro. Die Margen im Geschäft mit Pflanzenschutzmitteln sind hoch. Der Markt ist gut abgeschottet. Der Weltmarkt für Pflanzenschutzmittel stieg 2010 um 6,1 Prozent und umfasste rund 29 Milliarden Euro. Deutschland belegt mit einem Weltmarktanteil von knapp zehn Prozent international einen Spitzenplatz. Die Exportquote für Pflanzenschutzmittel liegt bei über 60 Prozent.

Pflanzenernährung: Die Nachfrage im Düngemittelmarkt zog 2010 wieder an. Der Inlandsumsatz legte rasant um über 90 Prozent zu und erreichte 1,12 Milliarden Euro. Die Exporterlöse der Düngemittelhersteller stiegen im Vergleich zum Vorjahr auf 1,43 Milliarden Euro. Der Gesamtumsatz erhöhte sich um 35 Prozent auf 2,56 Milliarden Euro. Auf dem Weltmarkt werden rund 48 Milliarden Euro im Geschäft mit Pflanzenschutzmitteln und Saatgut umgesetzt. Es dominieren sechs Unternehmen: Syngenta, Bayer Crop Science, BASF, Dow Chemical, Monsanto, DuPont. Sie machen über 80 Prozent des weltweiten Umsatzes mit Pflanzenschutzmitteln. [Abb. 2]

Mit 6,8 Milliarden Euro Umsatz ist Bayer Crop Science der drittgrößte Agrochemieanbieter der Welt - nach der Schweizer Syngenta und dem US-Konzern Monsanto, kämpft jedoch mit einer im Vergleich zu den Wettbewerbern deutlich niedrigeren Rendite. Dies ist symptomatisch für die Branche, die nach Jahren stetiger Umsatz- und Gewinnsteigerung allmählich mit schrumpfenden Margen kalkulieren muss. Der Schweizer Weltmarktführer Syngenta profitiert von hohen Preisen bei Weizen, Mais und Soja und konnte im letzten Quartal seinen Umsatz um 21 Prozent steigern. Die amerikanische Monsanto konnte 2010 gut wachsen und erzielte einen neuen Rekordumsatz. Langfristig bleibt die Agrochemie eine Wachstumsbranche, da ohne den gezielten Einsatz der Agrarchemie der Bedarf an Lebensmitteln einer steigenden Weltbevölkerung nicht gedeckt werden kann. Die steigende Nachfrage nach Biokraftstoffen führt zu einer zusätzlichen Nachfrage nach Saatgut und Pflanzenschutzmitteln für den Anbau von Energiepflanzen. Die grüne Gentechnik soll neue Wachstumschancen generieren und das klassische Geschäft mit den Pflanzenschutzmitteln absichern. Die Anbauflächen können kaum noch ausgeweitet werden, daher muss das Wachstum durch kontinuierliche Steigerung der Agrarerträge pro Hektar erzielt werden. (5), (6), (7), (8)

Körperpflege, Wasch-, Putz- und

Reinigungsmittel: Natur, Männer und Anti-Aging weiter im Trend

Das Marktvolumen für Körperpflege-, Wasch-, Putz- und Reinigungsmittel beziffert der Industrieverband Körperpflege- und Waschmittel e.V. (IKW) für 2010 auf rund 17 Milliarden Euro. Der deutsche Körperpflegemittelmarkt hatte dabei ein Volumen von fast 12,8 Milliarden Euro. Der Markt ist weitgehend gesättigt, das Produktangebot riesig, die Vielfalt enorm. Im vergangenen Jahr konnte die Kosmetik nicht wachsen, sondern verlor sogar leicht an Volumen (minus 0,4 Prozent). Die Wachstumschancen für die Hersteller liegen woanders; so können momentan dank Wohlstand in der Mittelschicht Indiens, Russlands, Chinas, Indonesiens und Brasiliens Wachstumsraten von vierzig Prozent erzielt werden.

Die größten Absatzbereiche sind Haarpflege, Hautpflege und dekorative Kosmetik. Haarpflege und Hautpflege liegen mit jeweils knapp drei Milliarden Euro Umsatz an der Spitze, mussten aber 2010 Federn lassen (minus 2,9 bzw. 0,7 Prozent). In diesen Segmenten herrscht ein harter Wettbewerb über Promotions und preisgünstige Einstiegsmarken. Die dekorative Kosmetik (z.B. Maybelline Jade, LOreal Paris, Max Factor, Manhattan, Nivea Beaute) legte 2010 mit plus 2,5 Prozent erneut das stärkste

Wachstum hin auf knapp 1,5 Milliarden Euro Umsatz. Auch die hochwertige Kosmetik und Wellness sind gefragt, so der VKE Kosmetikverband.

Das Marktvolumen für Wasch-, Putz- und Reinigungsmittel (Universal- und Spezialwaschmittel, Waschhilfsmittel wie Weichspüler, Waschzusätze, Vorbehandlungs-, Wäschepflege- und Spezialbehandlungsmittel, Geschirrspülmittel, Haushaltsreinigungsmittel, Wohnraumpflegemittel, Lederpflegemittel, Autopflegemittel, Spezialputz-/Pflegemittel) betrug 2010 über 4,3 Milliarden Euro. Damit konnte er in einer ähnlichen Größenordnung wie im Vorjahr um rund 3,5 Prozent wachsen. Die größten Bereiche sind die Universalwaschmittel (1,13 Milliarden Euro), die Haushaltsreiniger (804 Millionen Euro) und Geschirrspüler (678 Millionen Euro). Für 2011 erwartet der IKW ein leichtes Wachstum bei den Körperpflegemitteln (0,5 bis 1,5 Prozent) und für die Wasch-, Putz- und Reinigungsmittel ein ähnliches Wachstum wie im Vorjahr, also erneut circa plus drei Prozent. Der weltweite Kosmetikmarkt war in der Wirtschaftskrise nur wenig eingebrochen und wächst nun wieder mit rund vier Prozent.

Als Anbieter im Markt vertreten sind zum einen Kosmetikkonzerne (z.B. LOreal, Beiersdorf), namhafte Konsumgüterkonzerne (z.B. Henkel, Procter & Gamble, Unilever, Reckitt Benckiser),

Spezialchemiehersteller (z.B. Cognis) und Spezialisten wie die Duft- und Aromahersteller Givaudan und Symrise. Die Top 3 Anbieter in Sachen Kosmetik sind LOreal, Procter & Gamble und Unilever. Bei Reinigungsutensilien und -geräten konkurrieren vor allem 3M, Procter & Gamble (Swiffer) und die Freudenberg Haushaltsprodukte KG (bekannt durch Vileda). (9), (10), (11), (12)

Spezialchemie Farben und Lacke: Konjunktureller Aufschwung unter erheblichem Kostendruck

In der Branche der Farben und Lacke sorgt einerseits die global zunehmende Nachfrage für gute Umsätze, andererseits machen Versorgungsengpässe und steigende Rohstoffkosten den Herstellern zu schaffen. Die deutschen Farben- und Lackhersteller haben die Wirtschaftskrise hinter sich gelassen. Der Verband der deutschen Lack- und Druckfarbenindustrie e. V. (VdL) erwartet für das laufende Jahr ein Mengenwachstum des deutschen Lack- und Farbenmarktes von etwa 2,5 Prozent und Umsatzzuwächse von fünf Prozent. Bis zum Jahresende 2011 werden dann voraussichtlich knapp 1,9 Millionen Tonnen Lacke und Druckfarben im Wert von fünf Milliarden Euro im Inland verkauft werden. Gegenüber dem Jahr 2010, als die Inlandsumsätze um sechs Prozent stiegen, wäre dies ein leichter Rückgang der Wachstumsdynamik.

Der größte Lackhersteller der Welt ist Akzo Nobel (Konzernumsatz 2010: 14,6 Milliarden Euro; plus 12 Prozent gegenüber Vorjahr); Deutschland ist ein wichtiger Markt für Akzo mit knapp 4 000 Mitarbeitern an 35 Standorten. Weitere namhafte Anbieter sind PPG, DuPont, Sherwin Williams und BASF Coatings. Insgesamt teilen sich 14 internationale Lackfirmen etwa fünfzig Prozent des Weltlackmarktes.

Die deutsche Lackindustrie ist mittelständisch geprägt. In rund 250 Unternehmen arbeiten rund 25 000 Beschäftigte. Steigende Rohstoffkosten, die nicht mehr vollständig an die Abnehmer durchgereicht werden können, machen den Herstellern seit einigen Monaten zu schaffen. Rohstoffe (z.B. Titandioxid, Kolophonium) machen bis zu fünfzig Prozent der Gesamtkosten bei der Herstellung aus. Hintergrund sind zum einen zu geringe Produktionskapazitäten, da in der Wirtschaftskrise etliche Anlagen geschlossen oder heruntergefahren worden waren, zum anderen wurde ein Großteil der Ernte nachwachsender pflanzlicher Stoffe, die in Bindemitteln verwendet werden, durch katastrophale Wetterbedingungen in China, Pakistan und Russland zerstört. Die Hersteller müssen Lieferverzögerungen und Mengenbeschränkungen hinnehmen.

Die deutsche Forschung und Entwicklung arbeitet intensiv an so genannten intelligenten Lacken, wie beispielsweise kratzfeste Lacke für die Automobilindustrie, spezielle Lacke, die an Flugzeugteilen, dem ICE oder an Brücken Alarmsignale auslösen, wenn es zu einer Materialermüdung kommt oder mechanische Spannungen auftreten. Nanolacke gelten als Durchbruch in der Beschichtungstechnik. Die Forscher arbeiten daran, neue Nanolacke mit immer noch besseren Funktionen zu entwickeln. Die Hersteller arbeiten auch an Alternativen zum herkömmlichen Nasslack. Im Trend liegen hierbei Beschichtungen, die unter ultraviolettem Licht (UV) härten (sekundenschnell, kratzfest, energiesparend!). Noch visionär ist die Gewinnung von Energie aus dem Sonnenlicht über spezielle Lackbeschichtungen an Wänden, Fassaden oder auf Dächern. Ebenfalls im Trend liegen bei Privatheimwerkern, in Gewerbe und Industrie ökologische Farben und Lacke, die den Standards von Umweltzeichen entsprechen(z.B. "Blauer Engel", "EU Ecolabel", "Green Seal"). (13), (14), (15)

Anbieterstruktur und Marktführer

Die Chemiebranche gilt als stark fragmentiert. Die zehn größten Hersteller der Branche haben weltweit nur einen Umsatzanteil von einem Zehntel. Dies wird durch die seit einigen Jahren anhaltende Konsolidierungsbewegung korrigiert. In Teilsegmenten, etwa bei Industriegasen (Linde, Air Liquide), Pflanzenschutzmitteln (Syngenta, Monsanto) oder Aromastoffen (Givaudin, Firmenich), dominieren bereits einige wenige global agierende Anbieter das Geschehen.

Top 10 Deutschland: Unter den deutschen Chemieherstellern wird die Liste der Top Ten angeführt von BASF S.E., Bayer AG, Henkel KGaA, Evonik, und Linde AG. Dahinter liegen Beiersdorf, Lanxess, Wacker Chemie, Altana und Süd-Chemie.

Top 10 International: International liegt die deutsche BASF an der Spitze. Es folgen Dow Chemical (USA), Exxon (USA), Sinopec (China), Lyondell-Basell (NL), Shell (NL), SABIC (Saudi-Arabien), Mitsubishi Chemicals (Japan), Dupont (USA), Ineos (GB) und Bayer.

BASF, Ludwigshafen, das deutsche Flaggschiff und Aushängeschild für Chemie und Kunststoffe, erwirtschaftete 2010 mit rund 110 000 Beschäftigten einen weltweiten Umsatz von über 63,9 Milliarden Euro (plus 26 Prozent) und ein Ergebnis vor Sondereinflüssen (EBIT) von rund 8,1 Milliarden Euro. Nach starkem erstem Halbjahr 2011 meldet BASF eine schwächere Wachstumsdynamik für das dritte Quartal, rechnet aber insgesamt mit einer deutlichen

Umsatzsteigerung und einem signifikant erhöhten Betriebsergebnis. BASF setzt seinen Kurs weg von der Massenchemie hin zu den höherwertigen Spezialitäten fort. Mit diesem Ziel erwarb der Konzern 2006 das Degussa-Bauchemiegeschäft von Evonik, dann den amerikanischen Katalysatorenhersteller Engelhard, den Schweizer Spezialchemiekonzern Ciba und 2010 den Arznei- und Kosmetikzutatenhersteller Cognis. Ein Drittel des BASF-Umsatzes kommt inzwischen aus der Spezialchemie.

Die anhaltende Nachfrage aus den Wachstumsmärkten Südamerika und Asien bringt auch **Bayer** weiter voran. Der Leverkusener Pharma- und Chemiekonzern wird 2011 seinen währungsbereinigten Umsatz von zuletzt 35 Milliarden Euro voraussichtlich um fünf bis sieben Prozent steigern. Das operative Ergebnis vor Abschreibungen (Ebitda) soll sogar 7,5 Milliarden Euro überschreiten, nach 7,1 Milliarden Euro im Vorjahr. Lediglich für die Kunststoffsparte wurde wegen höherer Rohstoffkosten die Gewinnprognose heruntergeschraubt.

Wegen der hohen global Nachfrage und dem insgesamt guten Chemiegeschäft geht **Evonik** von einem deutlichen Umsatzwachstum aus und trotz höherer Rohstoffkosten auch von einer Verbesserung der Ergebnisgrößen. Im ersten Halbjahr 2011 konnte der Umsatz um 17 Prozent auf annähernd 7,6 Milliarden Euro gesteigert werden, das operative Ergebnis (Ebitda) stieg um zwanzig Prozent auf fast 1,5 Millionen Euro. Evonik gehört derzeit noch mehrheitlich der Essener RAG-Stiftung und zu etwas mehr als 25 Prozent dem britischen Finanzinvestor CVC, in absehbarer Zeit ist allerdings der Gang an die Börse geplant.zu den namhaftesten Anbietern im **Kunststoffgeschäft** zählen die britische Ineos, Lyondell-Basell und die saudische Sabic Innovative Plastics. Zu den großen deutschen Playern in der internationalen Kunststoffproduktion zählen BASF und Bayer. (16), (17), (21)

EU und Weltwirtschaft

Der Weltchemiemarkt legte im Jahr 2010 um 23 Prozent zu und erreichte ein Volumen von rund 3,1 Billionen Euro. In den letzten fünf Jahren ist der globale Chemieumsatz jährlich um über sieben Prozent gewachsen. Asien ist inzwischen der mit Abstand größte Chemieproduzent, 45 Prozent des weltweiten Chemieumsatzes wird von den asiatischen Ländern erwirtschaftet. China hat sich mit 694 Milliarden Euro Umsatz 2010 an die globale Spitze gesetzt und die USA als ehemals größtes Herstellerland chemischer Erzeugnisse mit 584 Milliarden Euro auf Platz zwei verwiesen. Es folgen

Japan, Deutschland und Frankreich. Der größte Chemieexporteur der Welt ist weiterhin die deutsche Chemiebranche. Sie liegt auf Rang eins vor den USA und Belgien. In Asien, Südamerika und Osteuropa wächst die Nachfrage nach chemischen Produkten derzeit am stärksten. Betrachtet man die Anteile am weltweiten Chemieverbrauch, so liegt Asien auf Rang eins mit einem Anteil von 46 Prozent, Europa auf Rang zwei und NAFTA (USA, Mexiko, Kanada) auf Rang drei (Angaben für 2010, VCI). [Abb. 3]

Die deutschen Konzerne, allen voran Bayer und BASF, bauen ihre Kapazitäten in China stark aus, um am dynamischen Marktwachstum in China und der gesamten Region Fernost/Ozeanien zu partizipieren. Auch in Indien, Indonesien und im Mittleren Osten expandiert die Chemie. Länder wie Saudi-Arabien, die Vereinigten Arabischen Emirate, Katar oder Iran investieren ihre Petrodollar in Grundstoffchemiekapazitäten. Das Wachstum der westeuropäischen Industriestaaten hingegen verlangsamt sich; die Weltmarktanteile der traditionellen Chemiehersteller (USA, Japan und auch Deutschland) schrumpfen. (18), (19)

Trends

Märkte mit Wachstumspotenzial

Mit einem Sechstel aller Forschungsaufwendungen bildet die Chemiebranche ein wichtiges Standbein für die Innovationskraft der deutschen Industrie. Neue Materialien, Vorprodukte und Problemlösungen für spezifische Anforderungen geben wichtige Impulse für neue Produktlinien und Verfahren in anderen Branchen. Zu den Märkten mit großem Wachstumspotenzial gehören insbesondere alle Produkte und Verfahren zur Steigerung der Energieeffizienz und der Erschließung neuer Energiequellen. Ob Wärmedämmung von Gebäuden, Hightech-Werkstoffe für die Leichtbauweise im Automobil- und Flugzeugbau, Elektromobilität, neue Lichtquellen für die Anzeige- und Beleuchtungstechnik oder extrem belastbare Materialien für die alternative Energieerzeugung aus Wind und Sonne - in all diesen Bereichen wird das Know-how und die Innovationskraft der Industrie - allen voran die Chemie - in den nächsten Jahrzehnten von entscheidender Bedeutung sein.

Massengeschäft oder Spezialisierung

Die Konsolidierung der Chemiebranche ist im Gange. Die Chemieunternehmen spezialisieren sich, reduzieren die Zahl ihrer Geschäftsfelder, veräußern Unternehmensteile, spalten sich auf und fusionieren neu. Dabei spielt folgende strategische Überlegung eine wichtige Rolle: preisorientiertes Massengeschäft oder kundennahes, hochwertiges Spezialgeschäft.

Denn während für Anbieter im chemischen Massengeschäft (rohstoffnahe Petrochemikalien, Massenkunststoffe) ein sicherer Zugang zu günstigen Rohstoffen und Technologiesprünge durch Großanlagen zu den kritischen Erfolgsfaktoren gehören, leben Spezialanbieter hochwertiger Produkte in kleinsten Mengen davon, eine extrem starke Endkundenorientierung konsequent umzusetzen.

Wettbewerber aus dem Nahen und Fernen Osten erobern Weltmarkt

Auf der Weltrangliste der Chemie- und Kunststoffhersteller haben sich Ölgiganten und neue Wettbewerber aus dem Nahen Osten und Asien bemerkenswerte vordere Plätze erobert. Das beste Beispiel ist der saudi-arabische Hersteller Sabic. Innerhalb von drei Jahrzehnten entstand einer der größten Petrochemiehersteller der Welt mit rund 30 Milliarden Dollar Umsatz, 33 000 Mitarbeitern und der höchsten Börsenbewertung in der Chemiebranche. Und künftig will sich Sabic nicht auf einfache Grundstoffe und billiges Plastik festlegen lassen, sondern in die Spezialchemie hineinwachsen. Andere Beispiele für erstaunliche Karrieren in der Chemieindustrie sind das indische Unternehmen Reliance und der chinesische Hersteller China Petroleum & Chemical (Sinopec). Die Vorteile dieser Wettbewerber sind niedrigere Löhne und damit Herstellungskosten, geringere Umweltauflagen und hoher Bedarf in ihren Heimatmärkten sowie vor allem ihr günstiger Zugang zu Rohstoffen. Im Mittleren Osten sind Anlagen zur Herstellung von Basis-Chemikalien gebaut worden oder geplant, die den Kapazitäten von ganz Europa entsprechen. Mittelfristig droht den europäischen Anbietern ein gewaltiger Wettbewerbsdruck. Die deutschen Chemie- und Kunststoffhersteller wappnen sich gegen den verstärkten Wettbewerb mit Unternehmensübernahmen und den Aufbau von Produktionskapazitäten in den Zukunftsmärkten. In der Spezialchemie liegt die Chance für die westlichen Anbieter. Sie setzt auf anspruchsvolle Technologien und hohe Qualität, kundennahe Innovationen durch kundenorientierte Forschung und Entwicklung. Wichtig sind auch eine konsequente Verbesserung in operativen Bereichen sowie ein effizienter Umgang mit Energie und knappen Rohstoffen.

Zahlen & Fakten

Abbildung 1: Nordrhein-Westfalen ist Deutschlands Chemieregion Nummer 1

Anteil am

Bundesland	Chemieumsatz 2010 in Prozent
Nordrhein-Westfalen	30,1
Rheinland-Pfalz	16,6
Hessen	13,7
Baden-Württemberg	10,1
Bayern	8,9
Niedersachsen	5,5
Sachsen-Anhalt	3,7
Berlin	3,6
Schleswig-Holstein	2,5
Sachsen	1,9
Brandenburg	1,1
Hamburg	0,7
Thüringen	0,8
Mecklenburg-Vorpommern	0,6
Saarland	0,1
Bremen	0,1
Gesamt	100

Quelle: Statistisches Bundesamt (Destatis), Verband der Chemischen Industrie (VCI)

Entnommen aus: VCI, Chemiewirtschaft in Zahlen 2011, S. 39 (1)

Abbildung 2: Top Hersteller von Agrochemie-Produkten 1. Halbjahr 2011

Unternehmen	Umsatz in Mrd. US-Dollar
Monsanto *	2,5
Syngenta	1,8
Dupont	2
Bayer	0,7
BASF	0,9
Dow Chemical	0,7

* Sechs Monate bis 31. Mai.

Quelle: Geschäftsberichte, Quartalsberichte, HB-Recherche

Entnommen aus: Handelsblatt Nr. 167 vom 30.08.2011 (20)

Abbildung 3: Chemie weltweit: Starke Chemienachfrage in Asien

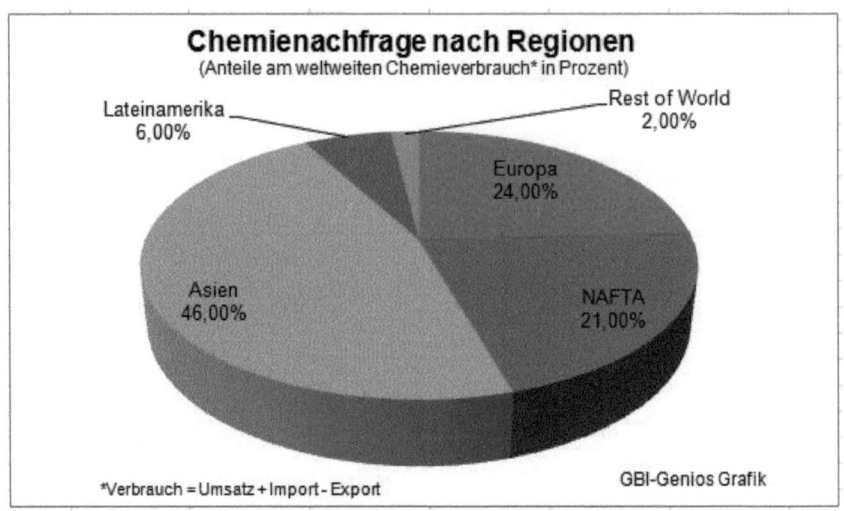

Chemienachfrage nach Regionen
(Anteile am weltweiten Chemieverbrauch* in Prozent)

Lateinamerika 6,00%

Rest of World 2,00%

Europa 24,00%

Asien 46,00%

NAFTA 21,00%

*Verbrauch = Umsatz + Import - Export

GBI-Genios Grafik

Quelle: Chemdata International, Verband der Chemischen Industrie (VCI)

Entnommen aus: Chemiemärkte weltweit 2011 (18)

Weiterführende Literatur

(1) Chemiewirtschaft in Zahlen 2011
aus Der Kontakter Nr. 35 vom 29.08.2011, S. 20

(2) Halbjahresbilanz 2011: Produktion +6,5 % / Umsatz +12 % / Beschäftigung +2 %. In den Kesseln der Chemie brodelt es wie nie zuvor
aus Der Kontakter Nr. 35 vom 29.08.2011, S. 20

(3) Praxair verbucht Ergebnisrückgang
aus Der Kontakter Nr. 35 vom 29.08.2011, S. 20

(4) Kursraketen mit Gasantrieb Die Gasehersteller
Linde und Air Liquide sind global aufgestellt, ihre
flüchtigen Produkte unverzichtbar für fast alle
Industrien. Darum steckt in den Boomaktien
durchaus noch Potenzial
aus Euro am Sonntag, 08.01.2011, Nr. 2, S. 22 - 23

(5) Jahrespressekonferenz 2011 / Nachfrage in der
Agrochemie zieht wieder an
aus Euro am Sonntag, 08.01.2011, Nr. 2, S. 22 - 23

(6) In der Agrochemie sind die Renditen schwach
aus Euro am Sonntag, 08.01.2011, Nr. 2, S. 22 - 23

(7) Agrarchemiekonzern Syngenta mit Umsatzplus
aus Handelsblatt online vom 14.10.2011

(8) Monsanto legt kräftig zu
aus agrarzeitung 40 vom 07.10.2011 Seite 006

(9) Indien: Lokale Marken gewinnen Anteile
aus agrarzeitung 40 vom 07.10.2011 Seite 006

(10) Marktdaten Körperpflegemittel
aus agrarzeitung 40 vom 07.10.2011 Seite 006

(11) Beautykonsum nimmt in Deutschland zu 7.
Deutscher Kosmetik Kongress 2011 31. August und 1.
September 2011, Hilton Cologne, Köln Programm:
www.euroforum.de/kosmetik

aus news aktuell, 2011-06-09

(12) Marktdaten Wasch-, Putz- und Reinigungsmittel
aus news aktuell, 2011-06-09

(13) Lack- und Druckfarbenkonjunktur. Aufschwung
unter Kostendruck
aus news aktuell, 2011-06-09

(14) Konjunkturaussichten. Lack- und Farbenmarkt in
Deutschland wird 2011 weiter wachsen
aus news aktuell, 2011-06-09

(15) Rohstoffkosten verhageln Ergebnis von Akzo
Nobel. Die Margen des Chemiekonzerns sinken. Das
Unternehmen muss deshalb ein neues
Effizienzprogramm starten.
aus news aktuell, 2011-06-09

(16) International: Top 100 Chemieunternehmen 2008-
2009
aus ICIS Chemical Business, 13.09.2010, S. 1

(17) BASF enttäuscht die Anleger. Der Konzern
erwartet weiteres Wachstum in der Chemie, doch
Investoren zeigen sich skeptisch.
aus ICIS Chemical Business, 13.09.2010, S. 1

(18) VCI-Studie zu weltweiten Chemiemärkten 2010.
Deutschland erneut Exportweltmeister von
Chemikalien
aus ICIS Chemical Business, 13.09.2010, S. 1

(19) Chemiemärkte weltweit. Umsatz, Handel und Verbrauch von Chemikalien
aus ICIS Chemical Business, 13.09.2010, S. 1

(20) Neue Rezepte für die Agrochemie
aus ICIS Chemical Business, 13.09.2010, S. 1

(21) Überseemärkte helfen Bayer
aus ICIS Chemical Business, 13.09.2010, S. 1

(22) Evonik bleibt in der Erfolgsspur
aus Frankfurter Allgemeine Zeitung, 11.08.2011, Nr. 185, S. 12

(23) Gesamtverband Kunststoffverarbeitende Industrie e.V.
aus Kunststoffe - Werkstoffe, Verarbeitung, Anwendung, Heft 10/2011, S. 193

Impressum

Branchenreport CHEMIE & KUNSTSTOFFE Ausgabe 2/2011

Bibliografische Information der deutschen Nationalbibliothek

Die Deutsche Nationalbibliothek verzeichnet diese Publikation in der deutschen Nationalbibliografie; detaillierte bibliografische Daten sind im Internet über http://dnb.d-nb.de abrufbar.

ISBN: 978-3-7379-1867-1

oder ähnliche Einrichtungen und die Einspeicherung und Verarbeitung in elektronischen Systemen.